단군왕검(?~?)

장영실(?~?)

모차르트(1756~1791)

이이(1536~1584)

나이팅게일(1820~1910)

신사임당(1504~1551)

윤석중(1911~2003)

페스탈로치(1746~1827)

링컨(1809~1865)

강감찬(948~1031)

김좌진(1889~1930)

| 책머리에 |

어린이 여러분은 어떤 미래를 꿈꾸고 있나요?

대통령, 과학자, 예술가, 종교인, 학자, 선생님……저마다 꿈과 희망이 다를 거예요. 그 꿈을 위해 지금 여러분은 무엇을 해야 할까요?

아마 선뜻 자신 있게 말할 수 있는 어린이는 많지 않을 것입니다.

위인이라 일컬어지는 사람들이 인류와 사회 발전에 남긴 업적의 중요성은 이루 다 말할 수 없습니다.

그에 못지 않게 중요한 것은, 그들이 자신의 꿈을 실현하기 위해 얼마나 노력하고, 어떻게 온갖 어려움을 이겨 냈는가 하는 것입니다.

이 책에서는 교과서에 실린 위인들을 비롯 2학년이 꼭 알아야 할 11명의 위인을 가려 뽑아 그들의 뜨거운 삶을 살펴봄으로써, 꿈과 희망, 지혜와 용기를 몸으로 느끼도록 했습니다.

더 좋은 세상을 위해 줄기차게 노력했던 위인들의 삶은 여러분에게 밝은 미래를 위해 지금 무엇을 해야 하는지 그 해답을 가르쳐 줄 것입니다.

자칫 따분하게 느껴질 수도 있는 위인들의 삶과 정신을 만화로 재미있게 구성하여, 늘 가까이에 두고 즐겁게 만나 볼 수 있도록 하였지요.

또한 더 넓고 깊고 다르게 생각하고 그 생각을 글로 정리해 보는 논술 대비 Think&Talk를 두어, 위인의 생애를 다시 한 번 되새겨 보고 논술력도 키울 수 있도록 배려하였습니다.

아울러 우리나라의 화폐 인물, 강감찬 설화, 나이팅게일과 히포크라테스 선서, 링컨의 유머 감각, 이황과 이이의 만남 등 별난 상식을 담은 Secret Story를 통해 웃음과 감동도 만납니다.

자, 역사를 이끌어 온 훌륭한 사람들의 다양한 삶을 거울삼아 신나는 미래를 향해 힘차게 달려가 볼까요?

[차례]

민족의 시조 **단군왕검** *6*

노예를 해방한 **링컨** *20*
Secret Story 링컨의 유머 감각

조선의 발명왕 **장영실** *36*

훌륭한 어머니 **신사임당** *50*
Secret Story 우리나라의 화폐 인물

음악의 천재 **모차르트** *66*

귀주 대첩의 영웅 **강감찬** *80*
Secret Story 전설의 주인공이 된 강감찬

동요 작가 윤석중 *96*

하얀 옷의 천사 나이팅게일 *108*
Secret Story 생명을 구하는 사람들의 굳은 다짐

청산리 전투의 전설 김좌진 *124*

교육의 선구자 페스탈로치 *138*

동방의 성인 이이 *152*
Secret Story 사이 좋은 선후배, 이황과 이이

논술 대비 Think & Talk 풀이 *167*

민족의 시조 **단군왕검** (?~?)

*태백산 : 지금의 태백산이 아니고 묘향산 또는 백두산인 것으로 추정된다.

*조선 : 태조 이성계가 세운 조선(朝鮮)과 구별하기 위해 고조선(古朝鮮)이라고 일컫는다.

우리 민족 최초의 국가인 고조선을 세운 단군왕검은 우리 겨레의 시조로서 우리가 위기에 처할 때마다 정신적 지주가 되어 주고 있다. 단군의 생애에 대해서는 〈삼국유사〉, 〈제왕운기〉, 〈세종실록〉 지리지 등에 기록되어 있다.

민족의 시조 단군왕검

논술대비 Think & Talk

1 환인의 아들인 환웅은 왜 인간 세상에 내려오고 싶어 했나요?

① 재미있게 놀고 싶어서
② 인간을 널리 이롭게 하고 싶어서
③ 인간을 마음대로 부리고 싶어서
④ 인간 세상에는 먹을 것이 많기 때문에

2 환웅과 함께 인간 세상에 내려온 신이 아닌 것은?

① 비   ② 구름   ③ 눈   ④ 바람

3 사람이 되고 싶어 하는 곰과 호랑이에게 환웅은 어떻게 했나요?

4 호랑이는 왜 사람이 되지 못했을까요?

　　_____

　　_____

　　_____

5 환웅과 웅녀가 결혼해서 낳은 아기의 이름은 무엇인가요?

　　_____

6 우리 겨레의 시조인 단군왕검은 나라 이름을 무엇이라 지었나요?

　　_____

7 만일 내가 호랑이였다면 어떻게 했을까 각자 생각해 보세요.

　　_____

　　_____

　　_____

노예를 해방한 **링컨** (1809~1865)

*남북 전쟁 : 1861~1865년에 미국의 북부와 남부 사이에 일어난 전쟁

남군을 지지하던 청년이 링컨을 향해 총을 쏘았다.

국민을 위해 자유와 평등을 실천했던 링컨의 민주주의 정신은 오래오래 사람들의 가슴속에 살아 있을 것이다.

국민의, 국민에 의한, 국민을 위한 정치!

멋있다!

링컨은 가난한 집에서 태어나 학교 교육을 제대로 받지 못했지만 혼자서 공부하여 변호사가 되고, 마침내 대통령에 당선된 전설적인 인물이다. 특히 노예를 해방하고, 민주주의의 참뜻을 되새기게 하는 명언을 남겨, 지금까지도 미국의 역대 대통령 가운데 가장 훌륭한 대통령으로 큰 존경을 받고 있다.
왼쪽 그림은 아들 테드와 함께 책을 보고 있는 모습.

논술대비 Think & Talk

1 링컨은 어릴 때 가난했지만 책을 많이 빌려다 읽었습니다. 빌려 온 책이 빗물에 흠뻑 젖었을 때 링컨은 어떻게 했나요?

2 링컨이 나룻배 사공으로 일할 때 그 일을 못 하게 방해하는 사람들이 있었지만, 링컨은 판사 앞에서 당당하게 자신의 의견을 말했습니다. 여러분은 다음과 같은 일이 생기면 어떻게 하겠습니까?

> 전화를 하려고 줄을 서서 기다리는데 어른이 앞에 끼어들었다.

3 링컨이 노예를 해방해야겠다고 마음먹게 된 것은 어떤 광경을 보았기 때문입니까?

① 흑인들이 싸우는 모습
② 흑인들이 노예로 팔려 가는 모습
③ 흑인들이 열심히 일하는 모습
④ 흑인들이 가난하게 사는 모습

32 2학년이 꼭 알아야 할 11명의 위인 이야기

4. 링컨이 대통령이 된 지 한 달 만에 미국은 남부와 북부로 나뉘어 남북 전쟁을 했습니다. 노예 문제에 대해서 서로 주장하는 바가 달라 전쟁까지 하게 되었는데, 각각 어떤 주장을 했나요?

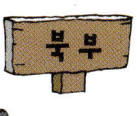

북부 _____

_____

남부 _____

_____

5. 게티즈버그 전투가 끝난 뒤 링컨이 게티즈버그에서 한 연설은 많은 사람들을 감동시켰습니다. 그 연설의 가장 중요한 구절을 써 보세요.

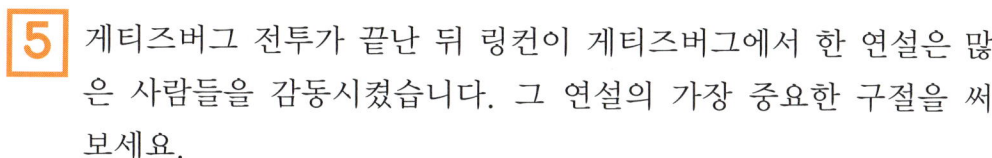

_____

_____

_____

6. 우리나라 대통령에게 하고 싶은 말이 있으면 써 보세요.

_____

_____

_____

노예를 해방한 링컨 **33**

링컨의 유머 감각

링컨은 미국의 역대 대통령 가운데 가장 위대한 대통령으로 꼽힙니다. 또한 멋진 유머를 잘 쓴 것으로도 유명하지요.

★두 얼굴의 소유자
링컨이 상원 의원에 입후보했을 때, 반대파에서는 더글러스라는 사람이 후보로 나왔습니다. 합동 연설 자리에서 더글러스가 사람들이 잘 모르는 링컨의 약점을 폭로하였어요.

"링컨은 예전에 경영하던 상점에서 술을 팔았습니다. 금주령을 무시하고 말입니다. 그런 사람이 어떻게 상원 의원이 되겠습니까?"

하지만 링컨은 태연한 얼굴로 말했습니다.

"더글러스 후보의 말은 사실입니다. 그때 저의 최대 고객은 더글러스 후보였습니다. 저는 이미 그 가게를 떠났지만, 더글러스 후보는 지금도 그 가게의 단골손님이랍니다."

바싹 약이 오른 더글러스는 더욱 목청을 높여 링컨을 비난했습니다.

"링컨은 말만 그럴듯하게 하는 두 얼굴의 이중 인격자입니다."

하지만 이번에도 링컨은 태연히 말했어요.

"여러분, 제가 두 얼굴의 소유자라면, 오늘같이 중요한 날 왜 이 못생긴 얼굴을 가지고 이 자리

▲링컨

에 나왔겠습니까?"

★남자의 다리 길이는?
정치적 견해가 달라 자주 부딪쳤던 링컨과 더글러스는 체형도 완전히 반대였습니다. 키가 크고 호리호리한 링컨과는 달리 더글러스는 키가 작고 뚱뚱한 편이었지요.
어떤 사람이 링컨에게 물었습니다.
"남자의 다리 길이는 어느 정도가 알맞다고 생각하십니까?"
지나치게 키가 크거나 작은 두 사람을 겨냥한 곤란한 질문이었지요.
하지만 링컨은 참으로 재치 있는 대답으로 그 곤경을 벗어났습니다.
"모름지기 남자의 다리는 몸통에서 땅까지 닿을 정도면 되지 않을까요?"

★멍청한 자식 같으니!
미국 남북 전쟁이 벌어졌을 때, 작전 방향을 두고 링컨 대통령과 참모 총장 간에 의견이 대립했어요. 결국 대통령 의견대로 작전을 내렸는데, 그 작전은 실패하고 말았습니다.
링컨은 비서를 통해 참모 총장에게 정중한 사과문을 보냈습니다.
비서가 돌아오자 링컨이 물었어요.
"참모 총장이 뭐라고 하던가?"
비서는 차마 사실대로 말할 수가 없어 머뭇거렸지요.
"괜찮네. 어서 말해 보게."
"각하, 실은… '멍청한 자식 같으니!' 라고 하셨습니다."
그러자 링컨이 껄껄껄 웃으며 말했습니다.
"참모 총장이 사람 볼 줄 아는군."

2학년이 꼭 알아야 할 11명의 위인 이야기

조선의 발명왕 장영실 (?~?)

장영실은 연구를 거듭하여 물시계인 자격루를 만들어 냈다. 자격루는 이전의 물시계와는 달리 사람 손이 가지 않아도 때가 되면 나무 인형이 종, 북, 징을 치거나 팻말을 들어 자동적으로 시간을 알려 주도록 만들어졌다.

측우기는 세종 대왕의 백성 사랑과 장영실의 창의력이 만나 열매를 맺은 시대를 앞서 간 발명품이다. 이탈리아의 가스텔리가 만든 것보다 200년이나 앞섰다.

논술대비 Think & Talk

1 장영실은 어려서부터 재주가 뛰어나 사람들을 많이 도와주었습니다. 가뭄이 심해 농사를 망치게 되었을 때 장영실이 생각해 낸 방법은 무엇이었습니까?

---

2 세종 대왕이 장영실을 불러 벼슬을 내리려 하자 신하들은 반대하였습니다. 신하들이 반대한 이유는 무엇입니까?

---

3 세종 대왕은 신하들이 반대하는 것도 무릅쓰고 장영실에게 벼슬을 내렸습니다. 왜 그랬을까요?

4 다음 중 장영실의 발명품이 아닌 것은 무엇입니까?

① 해시계   ② 혼천의   ③ 물시계   ④ 측우기   ⑤ 거북선

5 장영실은 결국 신하들의 반대로 벼슬에서 쫓겨나고 말았습니다. 장영실을 아꼈던 세종 대왕의 마음이 어떠했을까요?

_____

_____

_____

6 장영실은 재주가 많아 어려서부터 사람들에게 칭찬을 받으며 자랐습니다. 여러분도 장영실처럼 잘하는 일이 분명히 있을 거예요. 그게 무엇인지 써 보세요.

_____

_____

_____

훌륭한 어머니 **신사임당**
(1504~1551)

신사임당의 이름은 인선(仁善)인데 스스로 자신의 호를 '사임당(師任堂)'이라고 지었다. '사(師)'는 본받는다는 뜻이고, '임(任)'은 중국 주나라의 기틀을 다진 문왕의 어머니 '태임(太任)'을 가리킨다. 즉, 태임을 본받겠다는 뜻이 담겨 있다.
왼쪽은 강릉 오죽헌에 있는 신사임당 동상.

용꿈을 꾼 후에 태어난 아들이 바로 율곡 이이이다. 신사임당의 친정인 강릉 오죽헌에서 태어난 이이는 어린 시절도 그곳에서 보냈다.

*태몽 : 임신할 징조의 꿈

신사임당은 글씨와 그림에 뛰어난 예술가이기도 했다. 꽃, 새, 풀벌레를 잘 그렸고, 산수화에도 뛰어났다. 왼쪽은 신사임당의 초충도를 자수로 옮겨 8폭 병풍으로 꾸민 것으로 보물 제595호이다. 부산 동아 대학교 박물관에 소장되어 있다.

*산수화 : 자연의 풍경을 그린 그림

1. 신사임당의 어릴 적 이름은 무엇이었습니까?

2. 신사임당은 어릴 때 특히 뛰어난 재능을 보인 것이 있었습니다. 그것은 무엇이었습니까?

3. 신사임당은 결혼 후에도 부모님과 함께 살았습니다. 왜 그랬을까요?

4. 의지가 약하고 끈기가 없던 남편 이원수를 신사임당이 열심히 공부하는 사람으로 만들어 벼슬길에 오르게 하였습니다. 남편이 공부를 게을리할 때 신사임당은 어떻게 했습니까?

5 신사임당은 아들 이이를 낳기 전에 특별한 꿈을 꾸었습니다. 그 꿈 이야기를 써 보세요.

6 남편과 두 아들이 없는 사이, 신사임당은 병이 깊어져 위독한데도 남편에게 알리지 말라고 했습니다. 왜 그랬나요?

7 신사임당은 부모님께는 지극한 ○○였고, 남편에게는 현명한 ○○였으며, 자식들에게는 훌륭한 ○○○였습니다. 또한 글씨와 그림에 뛰어난 ○○○로서, 우리나라 여성들이 가장 본받고 싶어 하는 분입니다. 빈칸에 들어갈 말을 써 보세요.

훌륭한 어머니 신사임당

우리나라의 화폐 인물

★50,000원 지폐 : 신사임당

신사임당은 문화예술인으로서의 공로를 인정받아 여성으로서는 최초로 우리나라 화폐의 모델이 되었어요. 50,000원 지폐의 앞면에는 신사임당의 초상이, 뒷면에는 어몽룡이 그린 〈월매도〉가 실려 있어요.

▲오만 원 지폐

★10,000원 지폐 : 세종 대왕

▲만 원 지폐

세종 대왕은 훈민정음을 창제하고 과학 기술을 크게 발전시켰으며 4군 6진과 3포를 두어 국방에도 힘쓴 우리나라 최고의 성군입니다.

지폐의 앞면에는 세종 대왕의 초상이, 뒷면에는 천체의 운행과 위치를 관측하여 시간을 알리는 '혼천시계'의 일부분이 실려 있어요.

★5,000원 지폐 : 이이

율곡 이이는 호조·병조·이조 판서, 우찬성 등을 지낸 문신이자 주기론을 펼친 조선의 유학자예요.

지폐의 앞면에는 이이의 초상이, 뒷면에는 이이의 어머니 신사임당이 그린

〈초충도〉가 실려 있어요.

▲오천 원 지폐

★1,000원 지폐 : 이황

퇴계 이황은 조선 시대 성리학의 체계를 집대성한 대유학자로 '동방의 주자'라고 불렸어요. 이이와 함께 유학계의 쌍벽을 이루었지요.

지폐의 앞면에는 이황의 초상이, 뒷면에는 겸재 정선이 그린 산수화 〈계상정거도〉가 실려 있어요.

▲천 원 지폐

★100원 동전 : 이순신

충무공 이순신은 임진왜란 때 뛰어난 전술과 리더십으로 나라를 구한 조선의 명장이에요. 세계 최초의 철갑선 거북선을 만들었고, 〈난중일기〉와 여러 편의 시조도 남겼지요.

동전의 앞면에 이순신 장군의 초상이 실려 있어요.

▲백 원 동전

음악의 천재 **모차르트**
(1756~1791)

오스트리아 잘츠부르크에서 태어난 모차르트는 어린 시절부터 음악에 천재적 재능을 보였다. 5살 때 작곡을 시작했고, 6살 무렵부터 유럽으로 연주 여행을 다녔다.

*미제레레 : 죽은 사람을 위하여 부르는 성가. 10분간에 걸쳐 연주된다.

*악상 : 음악의 주제·구성·곡풍 등에 관한 작곡상의 착상

저 반지 때문에 연주를 잘하는 거야!

그럼 마법의 반지?

그들은 소문을 퍼뜨리고 다녔다.

모차르트의 연주의 비밀을 아시나요?

모르시면 저희가 가르쳐 드리죠!

뭐라고요? 마법의 반지!

에이, 설마 그럴 리가…….

하지만 모두가 그걸 믿는다는구나!

아니란 걸 보여 주면 되죠!

모차르트는 반지를 빼고 다시 연주를 해 사람들의 찬사를 받았다.

후후후, 놀랐지?

와 와

반지가 없네.

반지 때문이 아닌가 봐!

천재다.

*레퀴엠 : 죽은 사람의 영혼을 위로하기 위한 미사 음악. 진혼곡 또는 위령곡이라고도 함.

콘스탄체가 불러 주는 〈마적〉을 들으면서 행복해하던 모차르트는 레퀴엠을 끝내지 못하고 다음 날 밤 눈을 감고 말았다.

이것은 고통을 참고 인내한 결과로 그의 음악은 영원히 사람들에게 사랑을 전해 줄 것이다.

모차르트가 죽은 후 레퀴엠의 수수께끼도 밝혀졌다.

왜 신분을 감추고 부탁했죠?

내가 만든 것처럼 하려고…….

그의 곡은 언제나 밝고 사랑에 넘쳤다.

굶으면서도 이런 음악이 나오다니!

그 정도야…

모차르트는 35살의 젊은 나이에 세상을 떠났지만, 오페라, 교향곡, 각종 협주곡, 가곡, 피아노곡, 실내악, 종교곡 등 600여 곡에 이르는 작품을 남긴 천재 음악가이다.
왼쪽은 오스트리아의 잘츠부르크 시 교외에 세워진 모차르트 동상.

음악의 천재 모차르트 77

1. 모차르트가 작곡을 처음 시작한 것은 언제부터였나요?

2. 모차르트는 가난해서 겨울에 연료를 살 수 없었습니다. 그래서 추위를 잊기 위해 아내와 춤을 추곤 했습니다. 이것으로 보아 모차르트의 성격은 어떠했을까요?

3. 모차르트는 가난에 시달리며 살았지만, 그의 곡은 밝고 사랑에 넘쳤습니다. 그 이유는 무엇인가요?

4. 모차르트가 작곡한 곡 세 가지만 적어 보세요.

5 모차르트에 대한 설명이 아닌 것은?

① 오스트리아 잘츠부르크에서 태어났다.
② 3살 때부터 피아노를 치기 시작했다.
③ 한 번 들은 음악은 곧바로 악보에 옮겨 적을 수 있었다.
④ 돈을 많이 벌어 부유하게 살았다.

6 여러분이 가장 자신 있게 할 수 있는 것은 무엇인가요?
적어 보세요.

7 모차르트의 곡 중 한 가지를 듣고 그 느낌을 그림으로 그려 보세요.

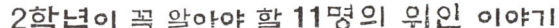

2학년이 꼭 알아야 할 11명의 위인 이야기

귀주 대첩의 영웅 **강감찬**
(948~1031)

*유언 : 죽음을 앞두고 남기는 말

*연호 : 군주 시대에 임금이 그 자리에 오른 해에 붙이던 칭호

논술대비 Think & Talk

1️⃣ 강감찬은 어려서 부모님을 잃고 누구의 양자로 자랐습니까?

2️⃣ 강감찬이 양주 목사로 부임해 갔을 때 마을에는 사람들이 보이지 않았습니다. 왜 그랬을까요?

3️⃣ 강감찬은 호랑이를 잡으려고 마을 근처의 나무를 다 베어 냈는데, 그 결과 어떻게 되었나요?

4 강감찬이 홍화진 전투에서 거란족을 물리치려고 세운 작전은 무엇입니까?

_____

_____

_____

5 홍화진에서 참패한 거란군은 다시 남쪽으로 쳐들어왔습니다. 이때 강감찬이 적을 총공격하여 크게 승리한 싸움의 이름은 무엇입니까?

_____

6 강감찬에 대한 설명이 아닌 것은?

① 키가 작고 못생겼으나 고려 시대의 뛰어난 장군이다.
② 무예뿐 아니라 학문에도 뛰어났다.
③ 삼국 통일을 이루었다.
④ 10만 명이나 되는 거란군을 물리쳤다.

Secret Story

전설의 주인공이 된 강감찬

우리나라 역사 인물 가운데는 신화나 전설의 주인공이 된 사람들이 많습니다. 특히 고려의 명장 강감찬 장군에 관한 것은 유난히 많아요. 〈고려사〉 열전, 〈세종실록〉 지리지, 〈용재총화〉, 〈동국여지승람〉, 〈해동이적〉 등의 문헌에 남아 있고, 전국 각지에서 구전 설화가 전해지고 있지요.

출생에 얽힌 것만 해도 두 가지나 됩니다. 앞의 만화에 나오는 것처럼 큰 별이 떨어진 집에서 태어났다는 이야기와, 강감찬의 아버지와 여우 여인과의 사이에서 태어났다는 이야기가 전해지지요.

강감찬 장군의 외모에 대한 이야기도 있어요. 강감찬의 얼굴이 너무 잘생겼기 때문에 큰일을 할 수 없다고 하여 스스로 마마신을 불러 얼굴을 얽게 하여 추남이 되었다는 것이지요. 또한 강감찬의 아버지가 친구 딸의 혼인식에 가면서 아들이 너무 못생겨서 창피하다고 데려가지 않자 강감찬이 몰래 뒤따라가, 사람으로 둔갑하여 신랑 행세를 하는 짐승을 퇴치했다는 이야기도 전해집니다.

강감찬이 벼슬길에 오른 뒤부터의 이야기들은 더욱 놀랍습니다.

그가 한성 판윤으로 부임했을 때, 삼각산의 늙은 호랑이가 중으로 둔갑하여 사람을 해친

▲낙성대 터에 있던 3층 석탑

다는 말을 듣고 편지로 호랑이를 불러 크게 꾸짖어 새끼도 평생에 한 마리씩만 낳고 다른 산에 가서 살게 했다고 해요.

경주 도호사로 있을 때에는 성안의 개구리가 너무 소란스럽게 울어 백성들이 잠을 설치자 강감찬이 돌에다 명령서를 써서 개구리 왕에게 보냈는데 그 후로 개구리 울음소리가 뚝 그쳤다고 합니다.

이 밖에도 모기를 없앴다는 이야기, 개미 퇴치 이야기, 하늘에서 내리치는 벼락을 손으로 꺾었다는 이야기 등 놀라운 이야기들이 전해지고 있지요.

거란족으로부터 우리 민족을 지켜 낸 강감찬 장군을 존경한 백성들이 이렇게 여러 가지 신기한 이야기를 통해 그를 영웅으로 묘사한 것으로 여겨집니다.

▲강감찬 장군의 영정을 모신 사당, 안국사

2학년이 꼭 알아야 할 11명의 위인 이야기

동요 작가 윤석중 (1911~2003)

*윤극영 : 동요 작가·작곡가. 작품에 동요 〈설날〉〈반달〉〈고드름〉 등 500여 곡과 동시 100여 편이 있다. (1903~1988)

1 윤석중의 어릴 때 모습이 아닌 것은?

① 어머니가 일찍 돌아가셔서 외할머니와 함께 지냈다.
② 이야기 듣기와 책 읽기를 아주 좋아했다.
③ 글솜씨가 뛰어났다.
④ 놀기만 좋아했다.

2 윤석중이 동요를 짓기 시작한 것은 언제부터인가요?

_____

3 윤석중이 어린이를 위해 한 일이 아닌 것은?

① 어린이가 볼 수 있는 잡지나 신문을 펴냈다.
② 노래 동무회를 만들어 동요가 널리 퍼지도록 했다.
③ 독립운동에 앞장섰다.
④ 새싹회를 창설하고 어린이 문학상도 만들었다.

4 윤석중은 양정 고등 보통학교를 다니고 졸업장을 받지 않았습니다. 어째서인가요?

_____

_____

_____

5 윤석중이 지은 동요 세 가지만 적어 보세요.

6 윤석중 동요에는 민요풍이 많습니다. 왜 그럴까요?

7 여러분도 직접 동요를 한번 지어 보세요.

2학년이 꼭 알아야 할 11명의 위인 이야기

하얀 옷의 천사 나이팅게일
(1820~1910)

*플로렌스 : 나이팅게일의 어머니는 이탈리아의 플로렌스(피렌체의 영어 이름) 여행 중에 나이팅게일을 낳았다. 그래서 이름을 '플로렌스'라고 지었다고 한다.

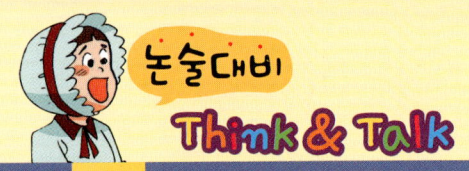

1 나이팅게일은 어릴 때부터 무슨 일을 하고 싶어 했나요?

2 나이팅게일의 부모님은 왜 간호사가 되는 것을 반대했나요?

3 전쟁터에서 의약품이 부족할 때 나이팅게일은 어떻게 했나요?

4 나이팅게일은 영국으로 돌아왔을 때 환영 나온 사람들 몰래 집으로 왔습니다. 왜 그랬을까요?

5 간호사를 양성하기 위해서 나이팅게일이 세운 학교의 이름은?

6 크림 전쟁 당시 나이팅게일은 무엇이라 불렸나요?

7 여러분은 남들을 위해 일해 본 적이 있나요? 있다면 무엇인지 적어 보세요. 그리고 그때 기분은 어땠는지도 생각해 보세요.

Secret Story

생명을 구하는 사람들의 굳은 다짐

간호사, 의사가 되기 위한 공부를 마친 학생들은 각각 나이팅게일 선서, 히포크라테스 선서를 합니다. 인간의 생명을 다루는 직업을 택한 그들이 엄숙한 선서를 통해 스스로의 역할을 되새기고 굳은 의지를 다지는 것이지요.

◀ **나이팅게일**
나이팅게일은 크림 전쟁 때의 헌신적인 간호 활동으로 적십자 운동의 계기를 만든 영국의 간호사입니다.

• • • 간호사로서의 맹세, 나이팅게일 선서 • • •

나는 일생을 의롭게 살며,
전문 간호직에 최선을 다할 것을
하느님과 여러분 앞에 선서합니다.
나는 인간의 생명에 해로운 일은
어떤 상황에서도 하지 않겠습니다.
나는 간호의 수준을 높이기 위하여
전력을 다하겠으며, 간호하면서 알게 된
개인이나 가족의 사정은 비밀로 하겠습니다.
나는 성심으로 보건 의료인과 협조하겠으며,
나의 간호를 받는 사람들의 안녕을 위하여
헌신하겠습니다.

••• 의사로서의 맹세, 히포크라테스 선서 •••

이제 의업에 종사할 허락을 받으며
나의 생애를 인류 봉사에 바칠 것을 엄숙히 서약하노라.
나의 은사에 대하여 존경과 감사를 드리겠노라.
나의 양심과 위엄으로써 의술을 베풀겠노라.
나는 환자의 건강과 생명을 첫째로 생각하겠노라.
나는 환자가 알려 준 모든 비밀을 지키겠노라.
나는 의업의 고귀한 전통과 명예를 유지하겠노라.
나는 동업자를 형제처럼 여기겠노라.
나는 인종·종교·국적·정당·정파,
또는 사회적 지위 여하를 초월하여
오직 환자에 대한 나의 의무를 지키겠노라.
나는 인간의 생명을 수태된 때로부터
지상의 것으로 존중히 여기겠노라.
비록 위협을 당할지라도 나의 지식을
인도(人道)에 어긋나게 쓰지 않겠노라.
이상의 서약을 나의 자유의사로
나의 명예를 받들어 하노라.

◀ 히포크라테스
히포크라테스는 풍부한 지식과 경험, 높은 인격을 갖춘 고대 그리스의 의학자로 의성(醫聖)이라 불립니다.

2학년이 꼭 알아야 할 11명의 위인 이야기

청산리 전투의 전설 김좌진
(1889~1930)

*당숙 : 아버지의 사촌 형제

1 김좌진은 부유한 집에서 태어나 종들을 많이 거느리고 살았지만, 모두 풀어 주었습니다. 왜 그랬을까요?

2 김좌진은 나라가 주권을 잃자 학교를 세웠습니다. 그 까닭은 무엇입니까?

3 독립운동을 하려고 광복단에 들어간 김좌진은 독립운동 자금을 어떤 방법으로 마련하려 했습니까?

4. 그 방법이 과연 옳은지 그른지, 여러분의 생각을 써 보세요. 그리고 다른 방법이 있다면 알려 주세요.

5. 독립운동 자금 마련에 실패한 김좌진은 만주로 건너가 독립군을 조직하였습니다. 그 군대의 이름은 무엇입니까?

6. 김좌진은 독립군을 이끌고 어랑촌에서 큰 승리를 거두었습니다. 이 싸움의 이름은 무엇인가요?

교육의 선구자 **페스탈로치**
(1746~1827)

슈탄스 고아원 원장 시절의 페스탈로치의 모습을 담은 그림이다. 페스탈로치는 한 명의 고아라도 더 보살피기 위해 노력했다.

교육의 선구자 페스탈로치 145

*품성 : 품격과 성질

페스탈로치는 특정한 지식이나 기술에 치우치지 않고, 인간이 지닌 모든 자질을 조화롭게 발달시키고 육성하려는 전인 교육을 통해 근본적인 사회 개혁이 가능하다고 주장했다. 왼쪽 사진은 이베르돈에 있는 페스탈로치 기념상.

1. 의사였던 페스탈로치의 아버지는 가난한 사람들에게 어떻게 대했나요?

2. 페스탈로치의 아버지가 돌아가시자, 어머니는 어려운 살림에도 성심껏 고아원을 도왔습니다. 이 모습을 보고 페스탈로치가 결심한 것은 무엇입니까?

3. 만약 여러분의 부모님이 페스탈로치의 부모님처럼 가난한 형편에도 남을 도와주겠다고 하면 여러분은 어떻게 하겠습니까?

4 페스탈로치 부부가 세운 빈민 학교는 어째서 문을 닫고 말았나요?

5 페스탈로치는 아이들을 어떻게 가르쳐야 한다고 주장했습니까?

6 페스탈로치는 학생들을 가르칠 때 말로만 설명하는 데 그치지 않고 실제 물건들을 보여 주며 가르쳤습니다. 그렇게 공부하면 어떤 점이 좋은지 써 보세요.

동방의 성인 이이 (1536~1584)

이이가 태어난 강릉 북평촌(지금의 강릉시 죽헌동) 오죽헌의 몽룡실(오른쪽 방). 오죽헌은 이이의 어머니 신사임당의 친정집으로 이이는 외갓집에서 태어났다.

*상소 : 임금에게 글을 올리는 것. 또는 그 글

*등용 : (인재를) 뽑아서 쓰는 것

*붕당 : 조선 시대에 이념과 이해에 따라 이루어진 사림의 집단
*한치 : 매우 가까운 거리를 이르는 말

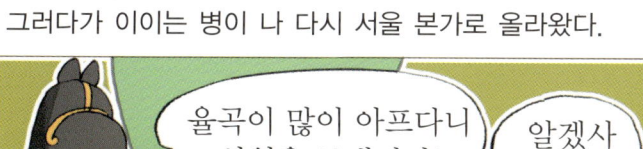

이이는 퇴계 이황과 더불어 조선 유학계의 쌍벽을 이루는 대학자로 기호학파를 이루었다. 글씨와 그림에도 뛰어났으며, 제자들은 그를 '동방의 성인'이라 불렀다.
왼쪽 사진은 강릉 오죽헌에 있는 이이의 동상이다.

논술대비 Think & Talk

1 이이의 어머니는 누구입니까?

---

2 이이는 어디에서 태어났습니까?

---

3 이이에 대한 설명이 아닌 것은 무엇인가요?

① 조선 시대 유학계를 대표하는 학자이다.
② 10만 명의 군사를 길러야 한다고 주장했다.
③ 제자들은 이이를 '동방의 성인'이라 불렀다.
④ 백성들에 대해 관심이 없었다.

4 이이는 아버지가 병이 들었을 때, 손가락에서 피를 내어 아버지에게 드릴 만큼 효성이 지극했습니다. 여러분은 부모님이 편찮으실 때 어떻게 해 드립니까?

5 나라가 당파 싸움으로 어지럽고 약해지자, 이이가 임금에게 주장한 것은 무엇입니까?

6 이이는 아무리 임금의 친척이라 할지라도 그릇된 일을 하는 사람은 임금에게 상소를 올려 나쁜 짓을 못 하도록 했습니다. 만약 친구가 선생님이나 부모님 몰래 나쁜 짓을 한다면 여러분은 어떻게 해야 할까요?

Secret Story

사이좋은 선후배, 이황과 이이

▲퇴계 이황

퇴계 이황과 율곡 이이는 조선 시대 성리학을 대표하는 문신이자 학자들입니다. 영남학파 대 기호학파, 주리론 대 주기론, 동인 대 서인 등 여러 면에서 서로 대립했던 것처럼 보이지만, 사실은 서로를 존경한 절친한 사이였다고 합니다.

이황과 이이의 첫 만남은 1558년(명종 13년)에 이루어졌습니다. 23세의 이이가 58세의 이황을 만나기 위해 안동의 도산 서당으로 찾아갔지요.

이이가 도산 서당에 머문 이틀 동안 두 사람은 여러 가지 사상을 논하고 시를 짓고 토론했습니다. 이이는 이황의 높은 인격과 학식에 탄복하였고, 이황 역시 이이의 재능에 감탄하여 "후배가 두렵다."는 공자의 말을 인용하며 이이를 높이 평가했답니다. 그 뒤에도 두 사람은 편지를 주고받으며 학문에 관한 이야기를 나누었고, 이황이 죽자 이이는 애도시를 짓기도 하였어요.

훗날 이황과 이이의 제자들이 각각 두 사람을 중심으로 한 학파와 붕당을 형성함으로써 둘의 사이가 좋지 않았던 것처럼 보이게 되었을 뿐, 두 사람은 35년이라는 나이 차이에도 불구하고 서로를 위하고 존경했던 사이 좋은 선후배였답니다.

▲율곡 이이

논술대비 Think & Talk 풀이

민족의 시조 단군왕검 (18~19쪽)

1. ②
2. ③
3. 굴속에서 마늘과 쑥만 먹으면서 100일 동안 참고 지내면 사람이 될 수 있다고 했습니다.
4. 배가 고프고 힘든 것을 참지 못했기 때문에
5. 단군왕검
6. 조선
7. 각자 생각해 보세요.

노예를 해방한 링컨 (32~33쪽)

1. 책 주인에게 솔직히 말하고 그 집에서 사흘 동안 일을 해 주었습니다.
2. 어른이라도 질서를 지키지 않는다면 무척 화가 나겠죠? 어떤 말을 해야 할지 생각해 보세요.
3. ②
4. 북부 : 노예 제도는 비인간적이고 불공평한 제도이므로 노예를 해방해야 한다.
   남부 : 노예 해방은 절대로 안 된다.
5. 국민의, 국민에 의한, 국민을 위한 정부를 만들겠습니다.
6. 각자 평소에 생각했던 것을 한번 써 보세요.

조선의 발명왕 장영실 (48~49쪽)

1. 마을에서 좀 떨어진 개울의 물을 물길을 만들어 마을까지 끌어왔습니다.
2. 장영실의 어머니가 기생이라는 이유 때문에

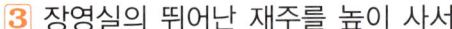

3 장영실의 뛰어난 재주를 높이 사서
4 ⑤
5 재주 많고 똑똑한 사람을 잃어 가슴 아팠을 거예요.
6 각자 생각해 보세요.

훌륭한 어머니 신사임당 (62~63쪽)

1 인선
2 글씨와 그림
3 부모님을 모실 아들이 없었기 때문에
4 같이 있으면 학문에 소홀해지니 10년 동안 떨어져 지내면서 공부하라고 했습니다.
5 선녀가 아기를 주는 꿈, 큰 용이 방 안으로 들어오는 꿈
6 자신이 아픈 것을 알리면 남편이 나랏일을 소홀히 할까 봐
7 효녀, 아내, 어머니, 예술가

음악의 천재 모차르트 (78~79쪽)

1 5살 무렵
2 밝고 낙관적인 성격
3 고통을 참고 인내했기 때문에
4 〈돈 조반니〉〈마적〉〈피가로의 결혼〉 등등
5 ④
6 누구에게나 사신 있는 일이 있을 거예요. 각자 생각해 보세요.
7 각자 듣고 난 느낌을 그림으로 그려 보세요.

귀주 대첩의 영웅 강감찬 (92~93쪽)

1 김장길
2 대낮에도 산에서 호랑이가 내려와 사람들을 해치기 때문에
3 기름진 농토가 되어 백성들이 잘살게 되었습니다.
4 쇠가죽을 이용해 강물을 막았다가 적군이 강에 들어왔을 때 물을 흘려보낸 후 군사를 풀어 치게 했습니다.
5 귀주 대첩
6 ③

동화 작가 윤석중 (106~107쪽)

1 ④
2 열세 살 무렵
3 ③
4 일본말로 배운 수업이라 배운 게 없다고 생각했기 때문에
5 〈자장가〉〈고추 먹고 맴맴〉〈퐁당퐁당〉〈우산 셋이 나란히〉〈낮에 나온 반달〉 등이 있습니다.
6 어린이들이 이해하기 쉽기 때문에
7 각자 주제를 정하여 재미있게 지어 보세요.

하얀 옷의 천사 나이팅게일 (120~121쪽)

1 보람되고 값진 일
2 그 당시에는 간호사를 천한 직업으로 여겼기 때문에
3 자신의 돈과 기부금으로 물품을 구입했습니다.
4 전쟁터에서 고생하는 병사들을 생각하면 자신이 환영받을 수 없다고 생각했기 때문입니다.
5 나이팅게일 간호사 학교
6 크림의 천사
7 각자 써 보세요.

청산리 전투의 전설 김좌진 (136~137쪽)

1. 노비도 다 같은 사람이므로 평등하게 살 권리가 있기 때문에
2. 인재를 키워 내기 위해
3. 친일파 부자들의 집을 털려고 했습니다.
4. 각자 생각하는 바가 다를 거예요. 또 다른 방법에 대해서도 생각해 보세요.
5. 북로 군정서
6. 청산리 전투

교육의 선구자 페스탈로치 (150~151쪽)

1. 가난한 사람들을 무료로 치료해 주고 정성껏 대했습니다.
2. '나도 이제부터 어려운 사람들을 도와주며 살 거야.' 라고 생각했습니다.
3. 각자 생각해서 써 보세요.
4. 아이들이 말을 듣지 않는 데다, 마을 사람들이 싫어했기 때문에
5. 어린이는 사랑으로 가르쳐야 하며, 마음껏 놀아야 씩씩하고 명랑해진다고 했습니다.
6. 각자 써 보세요.
   예) 이해하기 쉽다, 오래 기억할 수 있다, 크기와 모양을 정확히 알 수 있다 등

동방의 성인 이이 (164~165쪽)

1. 신사임당
2. 강릉 오죽헌
3. ④
4. 각자 써 보세요.
   예) 팔다리를 주물러 드린다, 동생을 대신 돌본다 등
5. 10년 안에 군사 10만 명을 길러 외적의 침입에 대비해야 한다고 했습니다.
6. 각자 생각해 보세요.

만화_이범기

한국문인협회, 어린이문화진흥회 회원이며 한국만화가협회 이사를 지내셨습니다. 초등학교, 중학교, 고등학교 교과서 삽화를 비롯하여 〈세계 명작 동화〉〈한국 대표 창작 동화〉 등 어린이책에 그림을 그리셨고, 〈신통방통 엽기 마술〉〈오싹오싹 공포 마술〉〈대제국 고구려〉〈세계의 인물〉〈교과서 만화〉〈만화 삼국지〉 등의 만화책을 펴내셨습니다.

채색_미디어픽스

디자인 기획사를 운영하면서 북디자인과 편집, 일러스트, 만화 작업을 하고 계십니다.

꿈을 이루어 주는 멘토 스쿨
만화 2학년이 꼭 알아야 할
11명의 위인이야기

2011년 6월 15일 초판 1쇄 발행
2011년 9월 10일 초판 2쇄 발행

만화 | 이범기
채색 | 미디어픽스

펴낸이 | 이미례
편집책임 | 육은숙
편집 | 박수진
디자인 | 신우진

펴낸곳 | (주)학은미디어
주소 | 서울 영등포구 문래동 3가 82-29 우리벤처타운 903호
전화 | (02)2632-0135~7   팩스 | (02)2632-0151
등록 번호 | 제13-673호   ⓒ (주)학은미디어, 2011

ISBN 978-89-8140-389-8 77990
＊잘못된 책은 바꾸어 드립니다.

단군왕검(?~?)

장영실(?~?)

모차르트(1756~1791)

이이(1536~1584)

나이팅게일(1820~1910)

신사임당(1504~1551)

윤석중(1911~2003)

페스탈로치(1746~1827)

링컨(1809~1865)

강감찬(948~1031)

김좌진(1889~1930)